Impressum

Der Fotograf:

Gerald Schwabe, Jahrgang 1968, Diplom-Geograph und begeisterter Fotograf und Bergwanderer, lebt mit seinem Sohn in Immenstadt im Oberallgäu.

Umschlagvorderseite: Bad Hindelang und Bad Oberdorf im Ostrachtal
Umschlagrückseite: Das Bärgündeletal zwischen Schneck und Fuchskarspitze
Bildnachweis: Alle Bilder stammen von Gerald Schwabe (www.allgaeu-bilderbogen.de)
Panoramakarte S. 85: mit Genehmigung der Allgäu Marketing GmbH, Kempten

Layout, Satz und Grafik: Gerald Schwabe
Druck: AZ Druck und Datentechnik, Kempten

www.allgaeu-bilderbogen.de
www.allgaeu-panoramen.de
email: geraldschwabe@gmx.de

ALPENVERLAG SCHWABE,
Rubihornweg 24, DE-87509 Immenstadt
(www.alpenverlag-schwabe.de)
sried (www.brack-verlag.de)
ISBN 978-3-949988-03-5

Wanderführer:
Format 12 x 16,5 cm
128 Seiten
12,95 €

Alle Allgäu-Bildbände von Gerald Schwabe:

»Große« Bildbände:
Format 23,5 x 20 cm
128 Seiten
19,95 €

»Kleine« Bildbände:
Format 20 x 15,5 cm
80 Seiten
12,95 €

Rund um

Bad Hindelang

Alle Täler • Gipfel • Wanderziele

Im südlichen Oberallgäu – in einem Seitental des Illertales – liegt Bad Hindelang inmitten einer wunderschönen Berglandschaft. Der kleine Kurort gehört dank seiner ungemein abwechslungsreichen Umgebung zu den beliebtesten Urlaubszielen Bayerns. Malerische Täler führen tief in die Allgäuer Bergwelt hinein, wo es stille Bergwiesen, herrliche Bergseen und einladende Alphütten zu entdecken gibt. Das Angebot für Natur- und Bergliebhaber reicht von gemütlichen Spazierwegen entlang klarer Bäche über leichte Bergtouren bis hin zu ausgesetzten Gratwanderungen über markante Felsgipfel.

Dieser Bildband nimmt Sie mit auf einen Streifzug durch die – nähere und weitere – Umgebung Bad Hindelangs und stellt Ihnen sämtliche Sehenswürdigkeiten, Berggipfel und Wanderziele vor, die diese schöne Ecke des Oberallgäus seinen Besuchern bietet. Großformatige Bilder und informative Texte wecken vor dem Urlaub Lust auf die Region und bewahren hinterher schöne Erinnerungen.

Für meinen Bruder Thomas

Bad Hindelang & Bad Oberdorf

Bei Sonthofen zweigt vom Illertal das breite Ostrachtal ab, um sich wenige Kilometer taleinwärts zu einer knapp 1 Kilometer breiten Wiesenebene zu weiten. Ein hübsches Plätzchen für die beiden beschaulichen Urlaubsorte Bad Hindelang und Bad Oberdorf, im weiten Rund umgeben von einer wunderschönen Szenerie. Im Norden erhebt sich steil der Kleine Hirschberg, eine der schönsten Aussichtskanzeln über dem Tal. Im Osten windet sich eine serpentinenreiche Passstraße hinauf zur fast 350 Höhenmeter höher gelegenen Oberjoch-Hochebene. Und auf der Südseite des

Tales bietet das Imberger Horn dank Seilbahn leichte und aussichtsreiche Gipfelerlebnisse. Südlich von Bad Oberdorf münden sowohl das Hintersteiner Tal als auch das Retterschwanger Tal ins Ostrachtal. Beide Täler führen viele Kilometer südwärts in die Bergwelt hinein und erschließen eine herrliche Berglandschaft mit einem fast unbegrenzten Angebot für Wanderer, Spaziergänger und Radler. Bad Hindelang ist einer der beliebtesten Urlaubsorte im gesamten Allgäu, gleichzeitig haben sich die kleinen Orte ihre recht entspannte Atmosphäre bewahren können. Zumal über 80% des großen Gemeindegebietes unter Natur- oder Landschaftsschutz stehen. Perfekte Bedingungen für einen hektikfreien Urlaub in schöner Natur.

HINTERSTEINER TAL

Das Hintersteiner Tal schiebt sich gut 12 Kilometer in südlicher Richtung zwischen die hohen Gipfel, von denen der Große Daumen *(rechts)* sowie die spitze Pyramide des Hochvogel *(oben in der Ferne)* sicher die markantesten sind. Während der vordere Talbe-

reich Platz bietet für ausgedehnte Wiesen sowie den kleinen Ort Hinterstein *(re. unten)*, verengt sich das Tal südwärts immer weiter, um sich schließlich zu verzweigen und im Bärgündele- bzw. Obertal zu beeindruckenden Talschlüssen aufzuschwingen. Ein Pendelbusverkehr führt von Hinterstein bis zum Giebelhaus tief ins – ansonsten autofreie – Tal und erschließt eine breite Palette abwechslungsreicher Touren.

Hinterstein

Das Hintersteiner Tal mit dem gleichnamigen Dorf; überragt von den Gipfeln von Bschießer, Gaishorn und Rauhhorn.

Hinterstein

Das kleine, im unteren Talabschnitt gelegene Dorf Hinterstein mit knapp 500 Einwohnern macht aus der Ferne einen recht abgeschiedenen Eindruck, wird als Eingangstor zum Wandergebiet Hintersteiner Tal aber natürlich sehr gut besucht. Die weite Wiesenebene rund um das Dorf wird eingerahmt von steil aufstrebenden Berghängen, die in hochalpinen Felsgipfeln enden wie Gaishorn oder Rauhhorn *(Bild links)* oder dem Breitenberg *(Bild rechts unten)*.

Rund um den Ort führen gemütliche Spazierwege, und auf hübschen Uferpfaden kann man dem rauschenden Wasser der klaren Ostrach folgen. An heißen Sommertagen lockt das wunderschön angelegte Naturbad »Prinze Gumpe« oberhalb des Ortes, und am Westufer der Ostrach lässt sich mit dem Kutschenmuseum ein echtes Hintersteiner Kuriosum entdecken.

Hintersteiner Tal

Eine autofreie – und bei Radlern sehr beliebte – Straße führt durch das gesamte Tal recht gemächlich bis zum Giebelhaus und von dort – zunehmend steiler – weiter in die beiden sich anschließenden Nebenzweige Bärgündele- und Obertal. Die Szenerie wechselt zwischen dichten Wäldern und offenen Almwiesen, mal geht es gemütlich entlang der rauschenden Ostrach, mal sind kürzere Steigungen zu bewältigen, die der Fluss in eindrucksvollen Felseinschnitten überwindet.

Hintersteiner Tal

Abgesehen vom Dorf Hinterstein ist das Tal unbesiedelt, wenn man von den zahlreichen Alphütten absieht, die im Sommer bewohnt und oft bewirtschaftet sind und gemütliche Einkehrmöglichkeiten bieten.

Das Tal wird in der gesamten Länge ab dem Giebelhaus von der Ostrach durchflossen, die im unteren Verlauf die weiten Ebenen von Hinterstein passiert in Gestalt eines herrlich naturnahen Wildflusses mit breiten Kiesbänken und kristallklarem Wasser *(rechts unten)*.

Bei Bad Oberdorf erreicht der Fluss das Ostrachtal, biegt dann ebenso wie das Tal Richtung Westen ab und steuert – nun weitgehend begradigt – die Iller an, in die sie schließlich bei Sonthofen mündet.

Bild rechts oben: die Ostrach und der Giebel

Ostrach

Auf einer Rangliste der schönsten Flüsse mit der eindrucksvollsten Wasserfarbe würde die Ostrach im Allgäu vermutlich einen der vordersten Plätze einnehmen. Das Farbenspiel des kristallklaren Wassers, das zwischen hellen Felsen talwärts strömt, wirkt mancherorts fast kitschig.

▽ Die Ostrach bei Bruck am Talausgang

Zipfelsbach-Wasserfall ▷

Oberhalb der Hintersteiner Kirche stürzt der kleine Zipfelsbach die steilen Berghänge hinab und bildet dabei – ausreichend Regen- oder Schmelzwasser vorausgesetzt – den schönen Zipfelsbach-Wasserfall.

Obertal

Beim Giebelhaus – gut 8 Kilometer südlich von Hinterstein – verzweigt sich das Hintersteiner Tal in zwei Äste: das Bärgündeletal und das Obertal, die beide noch rund 5 Kilometer tiefer in die Bergwelt hineinführen. Das – westlich gelegene – Obertal wird von ausgedehnten Almwiesen geprägt sowie von steilen Grashängen, die sich zu eindrucksvollen, teils messerscharfen Wiesengraten hinaufschwingen. Im Nordwesten wird das Tal vom Felsgrat zwischen Nebelhorn und Großem Daumen eingerahmt.

Obertal

Das Tal lässt sich auf gemütlichen Spazierwegen erkunden, die mit gemächlichen Steigungen zu einladenden Alphütten führen: wie der Engeratsgundalpe oder der Plättele-Alpe unterhalb des eindrucksvollen Talschlusses.

Schwarzenberg

Ein steiler, sehr lohnender Abstecher führt hinauf zum Schwarzenberg, einem kleinen Hochplateau oberhalb des Giebelhauses. Von seinen mit alten Ahornbäumen gespickten Wiesen bieten sich wunderbare Ausblicke über das Obertal und das Bärgündeletal mit seinen eindrucksvollen Felsgipfeln. Sowie zum spitz aufragenden Giebel, der das nördliche Ende des trennenden Grat zwischen den beiden Tälern bildet *(Bild oben: Panorama mit der Käserhütte)*.

◁ Im Norden wird der Schwarzenberg von der formschönen Laufbichelkirche überragt, einem Musterbeispiel für einen steilen Allgäuer Grasberg.

Blick von den Wiesen des Schwarzenberges hinüber zum felsigen Sattelkopf auf der Ostseite des Hintersteiner Tales ▷

Bild folgende Doppelseite ▷▷:

Beim Aufstieg vom Giebelhaus zum Engeratsgundsee: in der Bildmitte die Hochvogel-Pyramide, am rechten Bildrand die steilen Grashänge der Laufbichelkirche.

Seen im Hintersteiner Tal

Wer vom Giebelhaus bzw. dem Obertal durch das Tal des Gündlesbaches weiter hinaufsteigt *(siehe Bild vorherige Doppelseite 18/19)*, gelangt in eine wunderbare, hochalpine Bergwelt voller Überraschungen. Mit zunehmender Höhe zieht im Hintergrund die auffällige Pyramide des Hochvogels die Blicke auf sich, und oben auf der Koblat-Hochebene begeistern der malerische Engeratsgundsee *(links bzw. oben)* und der Laufbichelsee *(rechts)*. Man nähert sich auf diesen Wegen gewissermaßen »von hinten« dem Oberstdorfer Wandergebiet rund um das Nebelhorn, das sich allmählich durch zunehmenden Betrieb bemerkbar macht. Zur Bergstation der Nebelhornbahn sind es nur wenige Kilometer Fußmarsch.

Bärgündeletal

Das – östlich gelegene – Bärgündeletal hat einen ganz anderes Charakter als das Obertal. Der Zugang vom Giebelhaus erfolgt durch einen recht schmalen, bewaldeten Abschnitt, vorbei an vereinzelten Wasserfällen, die von den hohen Bergflanken herabstürzen. Im hinteren Abschnitt öffnet sich das Tal zu einem weiten Rund mit einer spektakulären Szenerie: Im Südwesten reckt sich als markantester Gipfel eines langen, schmalen Wiesengrates die eindruckvolle Spitze der Schneck in den Himmel (für Alpinisten einer der schwierigsten Gipfel im Allgäu), während die südöstliche Ecke in dem gewaltigen Felsmassiv rund um Hochvogel, Wiedemerkopf und Fuchkarspitze gipfelt. Fast etwas verschüchtert liegt das schöne Prinz-Luitpold-Haus unterhalb der hoch über ihr aufragenden, mächtigen Felswände.

Bärgündeletal

Das Prinz-Luitpold-Haus thront lawinensicher auf einer Karschwelle, hinter der sich ein kleiner Teich aufgestaut hat, der den Charakter der kargen Felslandschaft etwas auflockert. Von hier sind es noch fast 800 Höhenmeter bis zum Hochvogel-Gipfel (2599 m), dessen formschöne Pyramide beim Bergwandern rund um Bad Hindelang so oft ins Auge fällt.

Über den schmalen, grasbedeckten Sattel im (Bild-)Hintergrund oberhalb der Hütte – die Bockkarscharte – verläuft der »Jubiläumsweg« hinüber in den Talschluss des Tiroler Schwarzwassertales und weiter zum Schrecksee oder zur Landsberger Hütte im Tannheimer Tal.

Die wilde Landschaft des Bärgündeletales lockt übrigens nicht nur Wanderer und Bergsteiger an: Auch Steinadler haben sich hier wieder angesiedelt und fühlen sich offenbar wohl inmitten der oft schwer zugänglichen Felswände. Fast das gesamte Hintersteiner Tal inkl. Ober- und Bärgündeletal sind Teil des Naturschutzgebiets »Allgäuer Hochalpen«.

▽ Beim Aufstieg zur Alpenvereinshütte passiert man auf Höhe der Bärgündelealpe diese beiden hübschen Wasserfälle

Bärgündeletal

Geologie wie aus dem Lehrbuch: der Wiedemerkopf oberhalb des Prinz-Luitpold-Hauses mit seinen gewaltigen, wild gefalteten Felsschichten aus Dolomitgestein, welches eine Vielzahl der kargen, grauen Gipfel im Allgäu bildet. Rechts im Hintergrund rückt gerade noch die – auf der gegenüberliegenden Talseite gelegene – Schneck ins Bild.

Bärgündeletal

Im hinteren Talabschnitt endet schließlich auch der Fahrweg, es wird stiller, und neben vereinzelten Wanderern taucht hier immer wieder das eine oder andere Murmeltier inmitten der Almwiesen auf – bzw. macht mit schrillen Pfiffen auf den vermeintlichen Störenfried aufmerksam. Den Talschluss bilden die mächtigen Nordwände des Vorderen Wilden.

Retterschwanger Tal

Südlich von Bad Oberdorf mündet nicht nur das Hintersteiner Tal ins Ostrachtal, sondern auch das Retterschwanger Tal. Trotz seiner beachtlichen Länge von gut 8 Kilometern führt es – gerade im Vergleich zum benachbarten Hintersteiner Tal – ein Schattendasein. Der Taleingang liegt etwas versteckt zwischen Imberger Horn und Breitenberg, und hinsichtlich des touristischen Angebots, der Wander- und Einkehrmöglichkeiten hat das Hintersteiner Tal die Nase weit vorn. Hauptanlaufpunkt für Wanderer und Radler ist die hübsche Sennalpe Mitterhaus *(rechts unten)* mit ihrem gemütlichen Biergarten am Ufer der Bsonderach. Im engen Tal mit seinen steilen Flanken wechseln sich Almwiesen mit bewaldeten Abschnitten ab, und im eindruckvollen Talschluss recken sich mächtige Felswände gen Himmel.

(*Bild oben*: die Wankhütte am Talende).

◁ Blick vom Strausberg ins Retterschwanger Tal mit der Bsonderach: Links erhebt sich die Rotspitz, den Hintergrund bildet die steile Nordwand von Nebelhorn und Großem Daumen, rechts schließt sich der Gipfel des Entschenkopf an.

RETTERSCHWANGER TAL

Panorama vom Schnippenkopf: im Bild oben der Sonnenkopfgrat, der das Retterschwanger Tal im Westen begleitet und im weiteren Verlauf hinüber zum Imberger Horn führt...

...oben das tief eingeschnittene Retterschwanger Tal, im Osten eingerahmt von der Rotspitz sowie vom eindrucksvollen Felsgipfel des Großen Daumen.

Retterschwanger Tal

Die Ställenalpe unterhalb der Wengenköpfe, über deren Grat – zwischen Nebelhorn und Großem Daumen – der Mindelheimer Klettersteig verläuft.

RETTERSCHWANGER TAL

Das herbstliche Tal mit der Sennalpe Mitterhaus

Ostrachtal, Bad Hindelang und Bad Oberdorf mit dem Imberger Horn *(re.)*; links mündet das Hintersteiner Tal

Oben: Bad Hindelang und Imberger Horn
Unten: Ostrachtal, Bad Hindelang und Iselergrat

Oberjoch & Umgebung

Über 300 Höhenmeter oberhalb von Bad Hindelang gelegen und durch die serpentinenreiche Oberjoch-Passstraße erschlossen, liegt das kleine Dorf Oberjoch auf der gleichnamigen Hochebene, die den Übergang zum sich östlich anschließenden Tannheimer Tal bildet. Das Dorf ist dank der Höhenlage von über 1100 m ein beliebtes Winterurlaubsziel (und wird oft als höchstgelegenes Bergdorf Deutschlands beworben), während im Sommer die Hochebene und die umliegenden Berge wunderbare Wandermöglichkeiten bieten. Die Siedlung verdankt ihre Existenz der historischen Salzstraße, die über Jahrhunderte über diese Passstraße Tirol mit

dem Bodenseeraum verband. Bis zum Einsetzen des Wintertourismus in den 1930er Jahren war Oberjoch jedoch kaum mehr als ein kleiner Weiler mit einem guten Dutzend Häuser. Überragt werden Dorf und Pass vom langgestreckten Höhenzug des Iselers und der Kühgundspitze.

Bild: Panorama vom Jochschrofen. Links im Hintergrund öffnet sich das Tannheimer Tal mit den Felsgipfeln von Aggenstein, Einstein und Tannheimer Bergen; ganz in der Ferne ist die Zugspitze zu erkennen. In der Bildmitte der lange Grat des Iselers. Rechts unten die Wiesen südlich von Bad Oberdorf im Ostrachtal mit den Einschnitten von Hintersteiner Tal *(li.)* und Retterschwanger Tal *(re.)*. Die Gipfelparade dahinter reicht von der Pyramide des Hochvogels über den Großen Daumen und das Nebelhorn bis zum Entschenkopf.

Oberjoch

Der Blick vom Iseler (Sessellift ab Oberdorf) reicht über die gesamte Oberjoch-Hochebene sowie den kleinen Ort. Die Hintergrundkulisse bilden die Berggipfel von Hirschberg und Wertacher Hörnle sowie das Wertachtal *(linke Seite)* bis zum Sorgschrofen und dem engen Einschnitt des Vilstals *(rechte Seite)*. Rechts des Ortes ist das kleine Kematsrieder Moos zu erkennen *(s. auch Bild rechts oben)*, das sich auf einem hübschen Rundweg durchstreifen lässt. Und wer den Anstieg zwischen Bad Hindelang und Oberjoch zu Fuß anstatt mit dem Auto zurücklegt, kommt in den Genuss des malerischen Wildbachtobels *(Bild rechts unten)*.

Wanderrevier Iseler/Oberjoch

Im weiten Rund um die Hochebene von Oberjoch wartet ein ungemein abwechslungsreiches Wanderrevier auf Entdecker. Als erstes fällt unweigerlich der langgestreckte Iselergrat ins Auge, der sich über dem Dorf Oberjoch erhebt. So abweisend dessen Nordseite auch wirken mag, auf seinem aussichtsreichen Grat und insbesondere auf seiner Südseite öffnen sich wunderbare Panoramen mit zahlreichen nahen Gipfelzielen.

Panoramabild oben: Vom Ponten (2044 m) reicht der Blick über die schrofige Rohnenspitze mit dem Tannheimer Tal im Hintergrund *(links)* und die grasbedeckten Hänge von Schnurschrofen und Zerrerköpfle *(mitte)* bis zu den schroffen Felsgipfeln von Gaishorn und Rauhhorn *(oben)*. Ganz rechts in der Ferne ist der Hochvogel zu erkennen.

Wanderrevier Iseler/Oberjoch

Blick von den Latschenhängen der Zerrerköpfle über das Nebental der Willersalpe hinab ins Hintersteiner Tal und die Wiesen und Häuser von Hinterstein. Die Hintergrundkulisse bilden der klobige Große Daumen sowie der felsige Grat zwischen Heubatspitze und Breitenberg.

Älpelestal ▷

Bei Wandertouren rund um Iseler und Ponten bewegt man sich im direkten Grenzgebiet zu Tirol und überschreitet öfter die Grenze. Richtung Osten ergeben sich dabei immer wieder weite Ausblicke über das wunderbare Tannheimer Tal.

Bild: Blick vom Zerrerköpfle hinab in das – für Tannheimer Verhältnisse – recht abgeschiedene Älpelestal mit der Älpele-Hütte, überragt vom Schnurschrofen *(rechts)* und mit den Gipfeln der Tannheimer Berge, des Aggensteins und des Einsteins im Hintergrund.

Ponten ▷

Herrliche Höhenwege ziehen sich durch die steilen Hänge und hinauf auf die schroffen Felsgipfel.

Bild: der felsige Ponten-Gipfel mit dem Gratweg herüber zum Zirleseck

Schrecksee

Der in gut 1800 m Höhe im Hintersteiner Tal inmitten einer weiten Wiesenwanne gelegene Schrecksee ist einer der schönsten Hochgebirgsseen im Allgäu. Das pittoreske Inselchen verdankt er der künstlichen Anhebung des Wasserspiegels für die Stromgewinnung.

GAISHORN ▷

Die Grenzregion Hintersteiner Tal / Tannheimer Tal hat für fast jeden Geschmack einen passenden Berg im Angebot: Das Gaishorn (2247 m) ist ein herrlicher Aussichtsberg, setzt allerdings beim Wanderer gesunde Knie und eine gewisse Begeisterung für steile, schrofige Felspassagen voraus.

RAUHHORN ▷

Der benachbarte Rauhhorn-Gipfel ist mit 2240 m ähnlich hoch und ähnlich aussichtsreich wie das Gaishorn, verlangt mit seinem ausgesetzten Gipfelgrat und einigen Kletterstellen potentiellen Gipfelstürmern allerdings etwas mehr ab.

Wanderung auf dem herrlichen Grat zwischen Iseler und Kühgundspitze mit weitem Panorama über das Tannheimer Tal

Unterjoch & Umgebung

Die weite, etwa 2,5 x 2,5 Kilometer messende Hochfläche des Oberjochs verliert sowohl Richtung Osten zum Tannheimer als auch Richtung Norden ganz allmählich an Höhe und erreicht dort den Ort Unterjoch mit seinen ca. 350 Einwohnern. Während im benachbarten Oberjoch wegen der sehr verkehrsreichen Durchgangsstraßen und des fast ganzjährigen Touristentrubels immer eine gewisse Hektik herrscht, passt auf Unterjoch eher das Attribut »beschaulich«: ein ruhiges, kleines Dorf mit hübschem Kurgarten, das sich entlang der Wertach an die unteren Ausläufer des Sorgschrofen schmiegt.

△ Blick von den Zehrerhöfen *(li.)* über die Oberjoch-Hochfläche; im Hintergrund die Gipfel von Rohnenspitze, Ponten, Bschießer, Kühgundspitze und Iseler. Links der Übergang ins Tannheimer Tal, rechts geht es hinab ins Ostrachtal und nach Bad Hindelang.

▷ Das Dorf Unterjoch; sowie Impressionen der Hochfläche zwischen Unter- und Oberjoch

ZINKEN/SORGSCHROFEN & UMGEBUNG

Am nördlichen Rand der Oberjoch-Hochebene ragt ein langgestreckter, isoliert stehender Bergrücken empor: der Zinken bzw. Sorgschrofen (1635 m). Die beiden zerklüfteten Felsgipfel liegen zwar nur einen Steinwurf voneinander entfernt, sind aber durch einen sehr fordernden Zwischengrat getrennt. Welchen der beiden Gipfel man auch immer als Wanderziel auswählt: Die Aussicht ist berauschend und reicht über das nahe Wertachtal im Westen, über das Tannheimer Tal im Osten und über die Enklave Jungholz im Norden *(oben)*, ein wenige Quadratkilometer umfassendes Stück Tirol im Oberallgäu.

▷ Östlich des Berges verläuft das tief eingeschnittene Vilstal, durch das der gleichnamige Fluss – vom Vilsalpsee aus dem Tannheimer Tal kommend – Richtung Pfronten im Ostallgäu strömt. Und unterwegs die idyllischen Wiesen der Kälberhofalm passiert.

Wertacher Hörnle

Das Wertachtal verläuft von Oberjoch in nördlicher Richtung nach Unterjoch und weiter – vorbei an der österreichischen Enklave Jungholz – bis hinab zum Alpenrand beim Ort Wertach. Während sich an der Ostflanke des Tales u.a. der Sorgschrofen erhebt *(s. S. 50/51)*, verläuft an seinem Westrand ein langgestreckter Bergkamm, der im Wertacher Hörnle gipfelt (1695 m). Das Panorama reicht dabei sowohl über das Tannheimer Tal als auch weit ins Alpenvorland hinein. Blickfang im Bild-Vordergrund ist der kleine Hörnlesee unterhalb des Gipfels inmitten einer Wiesensenke.

Spieser & Hirschberg

Während sich die Bergwelt im Süden von Bad Hindelang rund um das Hintersteiner Tal mit ihren mächtigen, schroffen Felsgipfeln oft sehr hochalpin präsentiert, wirken die Berge nördlich des Ortes sehr viel harmloser. Spieser, Hirschberg und Jochschrofen ragen bis über 1600 m auf und erfreuen den Wanderer mit weiten, offenen Wiesen und wunderschönen Tourenmöglichkeiten. Dazwischen immer wieder kleine, idyllische Hochmoore und prächtige Ausblicke in Richtung Tannheimer Tal, Wertach-, Iller- oder Ostrachtal. Eine schöne Wanderregion voller kleiner Überraschungen und stiller Ecken.

◁ Allgäuer Almidyll an den Hängen des Wertacher Hörnles bei der Brentenalpe

△ Panorama vom Jochschrofen:
Von links: das Illertal im Hintergrund; die Wiesengipfel von Spieser und Hirschberg; der lange Grat hinüber zum Wertacher Hörnle; das Wertachtal mit Unterjoch; rechts darüber der felsige Sorgschrofen. Und in der Ferne die sanften Gipfel von Reuterwanne und Edelsberg.

Die beliebte Hirschalpe an der Südflanke des Hirschberges; im Hintergund die felsige Westwand des Jochschrofen ▷

◁ Der Kleine Hirschberg hoch über dem Ostrachtal und Bad Hindelang; in der Ferne das Illertal und die Hörnerkette.

KLEINER HIRSCHBERG

Der Kleine Hirschberg (1479 m) ist einer der beeindruckendsten Aussichtskanzeln der Region: Von einem kleinen, Gipfelkreuz-gekrönten Plateau direkt an der Abbruchkante bietet sich ein prächtiges Panorama über das Ostrachtal mit Bad Oberdorf und Bad Hindelang sowie – dahinter – die Einschnitte von Hintersteiner und Retterschwanger Tal. Den Horizont säumen die markanten Felsgipfel von Hochvogel, Großem Daumen & Co.

△ Spieser & Co.

Herbst in den Bergen nördlich von Bad Hindelang: Am linken Bildrand steigen die Wiesen zum Spieser empor, im Vordergrund breiten sich die Wiesen und Hochmoore unterhalb des Schlieberges aus. Und den Hintergrund bilden der lange Felsgrat des Iselers sowie die hohen Gipfel des Hintersteiner Tales bis zum Hochvogel ganz rechts.

Oberried ▷

An einem sonnigen Südhang gut 300 Höhenmeter oberhalb von Sonthofen erinnert eine kleine Kapelle an die ehemalige Siedlung Oberried. Der aussichstreiche Ort mag aus heutiger Sicht sehr idyllisch wirken, den damaligen Bewohnern erschien das Leben im Tal dann doch vorteilhafter, sodass der kleine Weiler vor über 100 Jahren aufgegeben wurde.

Oberried / Illertal

Weites Panorama über das Illertal: oben am linken Bildrand die hohen Felsgipfel von Großem Daumen und Nebelhorn mit dem etwas versteckt liegenden Einschnitt des Retterschwanger Tales sowie dem bewaldeten Sonnenkopfgrat; unten das quer verlaufende Ostrachtal; dahinter auf einer sonnigen Hochebene der kleine Ort Imberg und in der Ferne die hohen Gipfel der Allgäuer Alpen.

Oben: Am unteren Rand der steilen Wiese liegt die Kapelle von Oberried, dahinter breitet sich das weite Illertal mit Sonthofen aus; im Hintergrund die das Tal im Westen flankierende Hörnerkette; und rechts in der Ferne die Nagelfluhkette.

Winterliches Illertal zwischen Sonthofen *(re.)*
und den Allgäuer Alpen in der Ferne

Grünten

Der Grünten überragt als recht isoliert aus der Umgebung aufragendes Bergmassiv den östlichen Ausgang des Illertales oberhalb von Burgberg. Dank seiner exponierten Lage und seiner Gipfelhöhe von 1738 m ist er einer der spektakulärsten Aussichsberge im Allgäu und entsprechend gut besucht. Markanter Blickfang des Berges ist der gewaltige Fernsehturm, der dem Berg aus dem Tal seine unverkennbare Silhouette verleiht.

▷ Südlich des Grünten fällt das Gelände in einen weiten, von der Starzlach geschaffenen Talkessel ab, den sogenannten »Großen Wald« (im Bild die Alpe Berghofer Wald vor dem Grünten). Am Talausgang beim Dorf Winkel hat der kleine Fluss die eindrucksvolle Starzlachklamm geschaffen.

Grünten

△ Völlig untypisch für das Allgäu wird der höchste Punkt des Grünten von keinem Gipfelkreuz, sondern von einem tibetisch angehauchten Gebirgsjägerdenkmal gekrönt. Der Rundblick von oben reicht über das gesamte südliche Illertal, von den Allgäuer Alpen in der Ferne *(li.)* bis nach Immenstadt und zum Alpsee *(re.)*. Im Norden breitet sich das oberallgäuer Voralpenland aus, und im Osten bilden die Gipfel des Tannheimer Tales den fernen Hintergrund.

◁ An den Südhängen des Grünten führen gemütliche Wanderwege durch die hübsche Wald- und Wiesenlandschaft zu einladenden Alphütten, begleitet von schönen Ausblicken über das Illertal.

△ Richtung Nordosten läuft das Grüntenmassiv etwas gemächlicher aus. Auf gut 1400 m Meereshöhe liegt die beliebte Grüntenhütte auf einem aussichtsreichen Kamm gegenüber des kleinen felsigen Gigglstein. Den Hintergrund bildet das Voralpenland mit den beiden Wasserflächen von Rottachspeicher *(li.)* und Grüntensee *(re.)*; den höchsten Gipfel im Bild bildet der – oberhalb von Nesselwang gelegene – Edelsberg in der Ferne.

▷ Die sonnigen Südflanken des Grünten werden weitflächig almwirtschaftlich genutzt und sind von ausgedehnten Wiesen bedeckt. Den Hintergrund bildet das Illertal mit der Hörnerkette.

Imberg & Umgebung

△ Südlich von Bad Hindelang erhebt sich – quasi als Eckpfeiler zwischen Ostrach- und Retterschwanger Tal – das Imberger Horn (1656 m; *siehe Bild S. 2*). Dank Seilbahnanschluss von Bad Hindelang aus ist der Gipfel ein beliebtes Wanderziel und bietet einen großartigen Tiefblick ins Hintersteiner Tal mit dem Ort Hinterstein sowie der Gipfelparade von Iseler, Bschießer, Gaishorn und Rauhhorn.

◁ Auf der Südwestseite des Imberger Horns liegt ein hübsches, vom Löwenbach durchflossenes Hochtal mit stillen Wiesen, kleinen Hochmooren und der gemütlichen Strausbergalpe. (Im Bildhintergrund ragen die Rotspitz und der Große Daumen – beide bereits im Retterschwanger Tal gelegen – in den Himmel.)

Altstädter Hof

Dort, wo sich dieses Hochtal zum Westen hin öffnet, breitet sich ein weites Panorama über das südliche Illertal aus. Auf einem nahen Wiesenhang unterhalb des Sonthofener Hörnles liegt der Altstädter Hof, aussichtsreiche Einkehr und Ausgangspunkt für Wanderungen über den Sonnenkopfgrat *(s. auch Panorama Seite 30/31)*.

Links in der Ferne ist das Kleinwalsertal zu erkennen, im Tal der Ort Fischen mit der Hörnerkette dahinter.

Illertal bei Sonthofen

Von den Ausläufern des Sonnenkopfgrates bieten sich wunderbare Panoramen über das Illertal. Der Blick reicht vom urigen Sonthofener Hof im Vordergrund über das langgestreckte Tal mit der Hörnerkette sowie der Nagelfluhkette im Hintergrund; rechts breitet sich Sonthofen aus, gefolgt vom wuchtigen Grünten mit seinem Fernsehturm.

Grünten
1.738 m
Wertacher Hörnle
1.695 m
Tiefenbacher Eck
1.525 m
Iseler
1.876 m
Bschießer
2.000 m
Burgberg
Starzlachklamm
Oberried

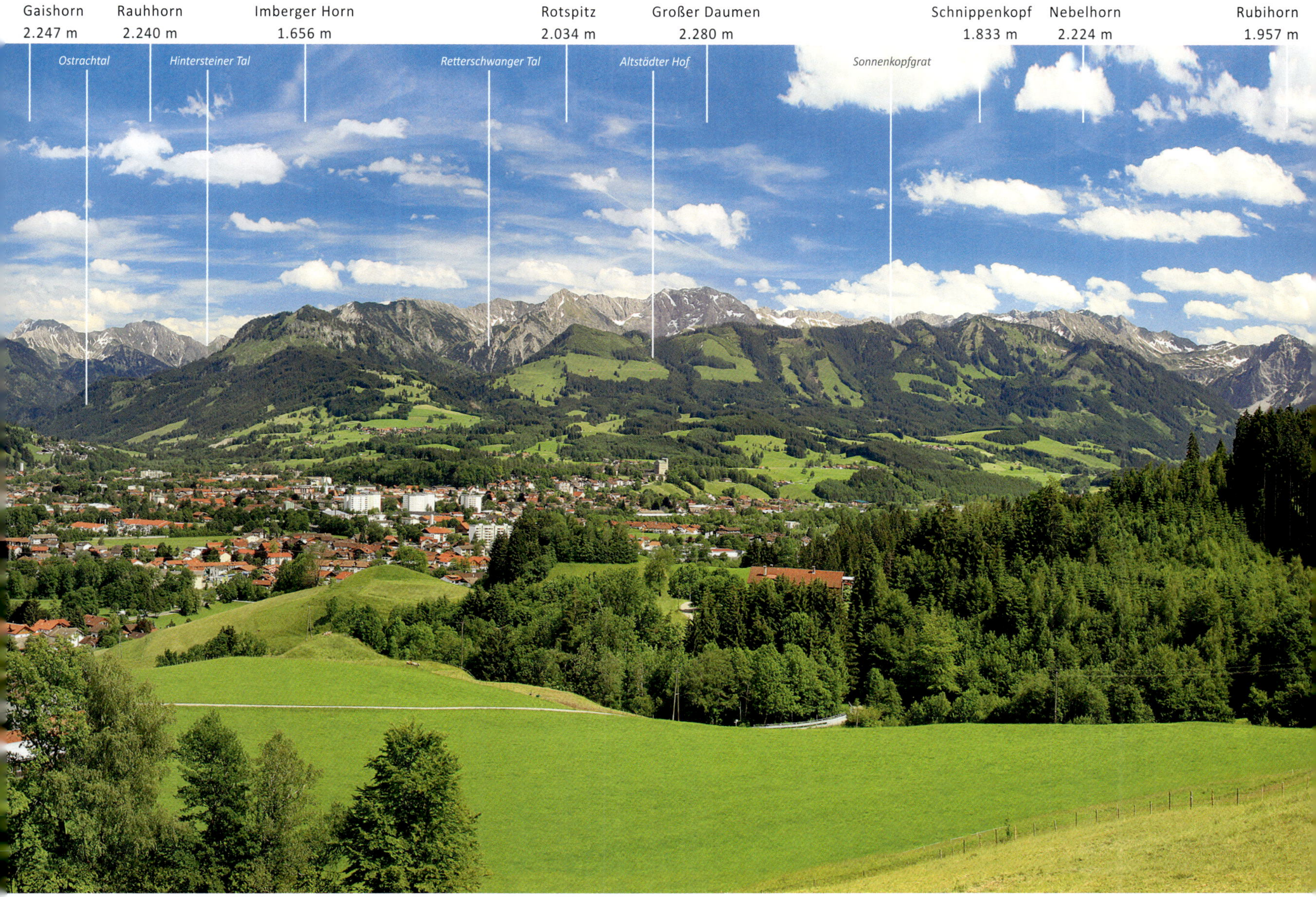

Sonthofen & Illertal

Beim Blick über das Illertal bei Sonthofen bietet sich eine schöne Übersicht über die – westliche – Umgebung von Bad Hindelang.

Tannheimer Tal

Gleich jenseits des Jochpasses und nur wenige Kilometer von Oberjoch entfernt, schließt sich im Osten das Tiroler Tannheimer Tal an. Und darf deshalb in diesem Buch nicht fehlen, da auch seine vielen wunderschönen Wander- und Ausflugsziele zur unmittelbaren Umgebung von Bad Hindelang zählen. Das etwa 15 Kilometer lange, herrliche Hochtal liegt in rund 1100 Meter Meereshöhe und wird – neben dem Jochpass im Westen – vom

Gaichtpass im Osten (hinüber zum Lechtal) sowie dem Ostallgäu im Norden begrenzt. Ein gutes Dutzend kleinerer Siedlungen liegt verstreut auf seinem weitgehend tischebenen Talboden. Blickfang sind die großartigen Gipfel der Tannheimer Berge, mächtige, helle Kalkgipfel, die sowohl für Wanderer als auch für Kletterer unzählige Möglichkeiten bieten.

Bild: Panorama von der Krinnenspitze; links der Haldensee, dahinter der kleine Ort Grän mit dem Engetal, das nordwärts Richtung Pfronten ins Ostallgäu hinabführt, überragt vom Aggenstein-Gipfel. Oben die Gipfel der Tannheimer Berge (Gimpel, Köllenspitze etc.) sowie der Ort Nesselwängle.

Tannheimer Tal

Unterhalb des Aggensteins, dessen Gipfel genau auf der Grenze zwischen Tirol und dem Ostallgäu liegt, thront die Bad Kissinger Hütte auf einem aussichtsreichen Sattel. Den Bildhintergrund bilden das spitz emporragende Brentenjoch sowie – rechts in der Ferne – die hellen Kalkgipfel der Tannheimer Berge.

▷ Wanderer bei der Sebenalpe auf dem Gräner Höhenweg, der das Füssener Jöchle (Seilbahn ab Grän) mit der Bad Kissinger Hütte und dem Aggenstein – im Hintergrund – verbindet.

▷ Der wunderschöne Vilsalpsee wenige Kilometer südlich von Tannheim, überragt von Gaishorn und Rauhhorn. Der See ist ein beliebtes Bade- und Wanderziel und Ausgangspunkt zahlreicher herrlicher Bergtouren.

Tannheimer Tal

Im Süden wird das langgestreckte Tal von den Ausläufern der Allgäuer Alpen flankiert, die sich dort zu schroffen Dolomitgipfeln mit Höhen von über 2200 m erheben – wie Leilachspitze, Lachenspitze und Gaishorn. Das Tannheimer Tal hat sich voll und

ganz dem Tourismus verschrieben und bietet auf engstem Raum fast alles, was die Herzen von Naturliebhabern, Wanderern und Bergsteigern höher schlagen lässt. Problemlos kann man inmitten dieser abwechslungsreichen Landschaft eine ganze Urlaubswoche verbringen.

Bild: Panorama vom Schartschrofen; links in der Ferne die Lechtaler Alpen, im Vordergrund die Krinnenspitze hoch über dem Haldensee. Oben das mit zahlreichen, kleinen Orten gespickte Tal, eingerahmt von den Felsspitzen von Gaishorn und Rauhhorn *(li.)* sowie vom Einstein *(re.)*.

△Tannheimer Tal

Blick vom Brentenjoch zum markanten Aggenstein; mit scharfen Augen lässt sich an seinen südseitigen, steilen Wiesenflanken die Bad Kissinger Hütte erkennen. Rechts schwingen sich die – im Winter bei Skifahrern sehr beliebten – Hänge des Breitenberges empor, dem Hausberg der ostallgäuer Gemeinde Pfronten.

Tannheimer Tal ▷

Bild rechts oben: Hochalpine Wanderung unterhalb der Tannheimer Berge (Rote Flüh, Gimpel); links unten im Tal der Haldensee.

Bild rechts unten: Auf dem Saalfelder Höhenweg; links der Traualpsee mit der schrägen Roten Spitze dahinter, rechts unten der von Gaishorn und Rauhhorn überragte Vilsalpsee.

Kl. Hirschberg
1.500 m
Oberjoch
Kühgundspitze
1.881 m
Iseler
1.876 m

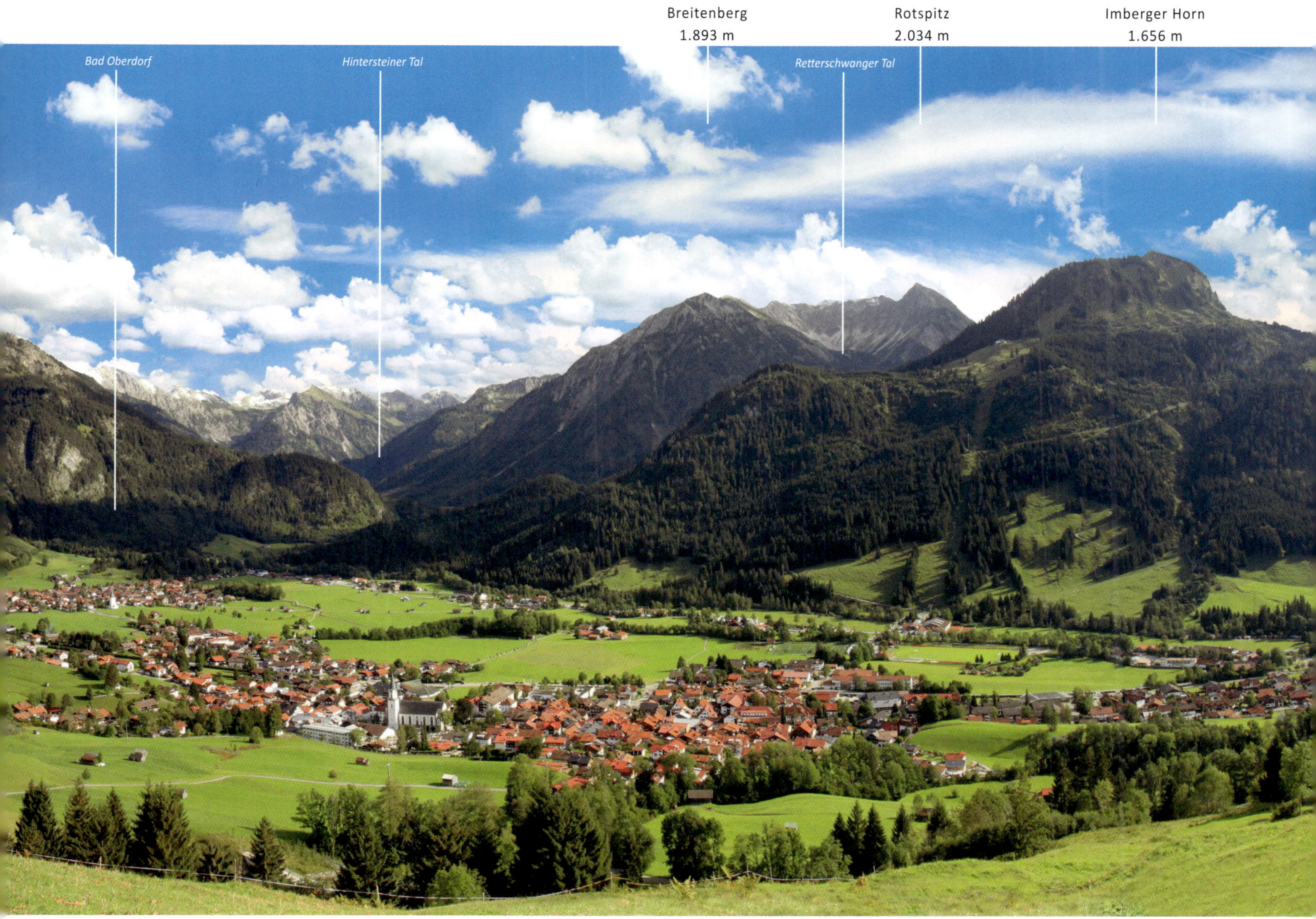

Ostrachtal, Bad Hindelang & Bad Oberdorf

ALLGÄU
Jungholz
Unterjoch
Oberjoch
Sonthofen
Bad Hindelang
Bad Oberdorf
Hinterstein
Oberstdorf
Wertachtal
Ostrachtal
Illertal
Tannheimer Tal
Retterschwanger Tal
Hintersteiner Tal
Obertal
Bärgündeletal
ÖSTERREICH
ab Seite 64
ab Seite 48
ab Seite 59
ab Seite 54
ab Seite 74
ab Seite 36
ab Seite 68
ab Seite 4
ab Seite 28
ab Seite 12
ab Seite 22

Inhalt

Wetterspitze 2895
Großstein 2632
Ruitelspitze 2580
Hohes Licht 2651
Warth
Mädelegabel 2645
Stockach
Großer Krottenkopf 2657
Kratzer
Gramais
Bach
Wildengundkopf
Alpgundkopf 2177
Öfnerspitze 2368
Kanzelwand 2058
Elbigenalp
Einödsbach
Fellhorn 2038
Kreuzkarsp.
Häselgehr
Urbeleskarsp.
Birgsau 949
Schlappoldkopf 1968
Faistenoy 904m
Elmer Muttekopf 2350
Großer Wilder 2379
Höfats 2258
Spielmannsau
Riezlern 1086 m
Elmen
Hinter-hornbach
Hochvogel 2592
Gerstruben 1154
Skiflugschanze
Schneck 2269
Vorder-hornbach
Stanzach
Gr. Seekopf 2085
Oberstdorf 813 m
Kornau
Nebelhorn 2224
Tiefenbach
Kastenkopf 2129
Entschenkopf 2043
Hirschsprung
Leilachspitze 2274
Giebelhaus
Großer Daumen 2280
Rubi
Wannenkopf
Älpelekopf 2023
Schrecksee
Langenwang
Obermaiselstein
Reichenbach
Fischen
Bolsterlang
Geißhorn 2247
Schöllang
Schnippenkopf 1833
Altstädten 750m
Neunerköpfle 1864
Hinterstein
Imberger Horn 1656
Ofterschwanger Horn
Ofterschwang 864 m
Bruck
Iseler 1876
Bad Oberdorf
Bad Hindelang 825 m
Vorder-hindelang
Sonthofen 743 m
Sigishofen
Haldensee
Tannheim
Rotflüh 2108
Wannenjoch 1890
Burg Sonthofen
Grän
Einstein 1866
Zöblen
Schattwald
Hirschberg 1456
Spieser 1649
Gunzesried
Oberjoch
Roßberg 1945
Aggenstein 1987
Schönkahler 1688
Burgberg i.A. 752 m
Blaichach 733 m
Unterjoch
Wertacher Hörnle 1685
Grünten 1738
Breitenberg 1838
Sorgschrofen 1636
Immenstadt
Breitensteiner Berg
Kienberg 1536
Rettenberg 806 m
Jungholz 1058 m
Falkenstein 1284
Kranzegg 862 m
Pfronten 882 m
Edelsberg 1630
Kappelköpfl 1488
Kreuzegg
Wertach